I0083124

O^2K

317

PARALLÉLE
DE L'EXPÉDITION
D'ALEXANDRE
DANS LES INDES
AVEC LA CONQUÊTE DES MÊMES CONTRÉES
PAR
TAHMAS-KOULI-KHAN.

Par M. DE BOUGAINVILLE, Secrétaire
perpétuel de l'Académie Royale des
Belles-Lettres.

BIBLIOTHEQUE ROYALE

M. D. CC. LII.

PARALLELE

*De l'Expédition D'ALEXAN-
DRE dans les Indes, avec la Con-
quête des mêmes Contrées par
TAHMAS-KOULI-KHAN.*

L'ENTREPRISE de Tahmas-
Kouli-Khan sur les Indes
rappelle naturellement à l'esprit
l'irruption d'Alexandre dans ces
vastes contrées. Les exploits de
ce Conquérant si célébre dans
l'Antiquité, portent l'empreinte
du merveilleux. Grands, singu-

liers, rapides, vrais fans être vrai-
femblables, effets inoüis d'une
valeur toujours heureufe quoique fouvent téméraire, ils dé-
concertent la raifon, ils éton-
nent l'imagination même, ils
font paffer dans l'ame une partie
de l'enthoufiafme qui rempliffoit
Alexandre. En voyant la victoire attachée conftamment à fes
pas, juftifier par-tout fon audace,
on auroit dû s'accoutumer à le regarder comme un Héros à part,
né pour commander à la fortune,
fupérieur aux régles mêmes, ou
plutôt, dont les mouvemens ré-
glés par des loix d'un autre genre
que ceux des hommes ordinaires,
font des efpéces de phénomènes
hiftoriques, indépendans de l'or-

dre commun , & qui ne tirent point à conséquence. Alexandre n'a point eu de modéle, & n'aura peut-être jamais que de foibles copies.

TOUTEFOIS malgré cette fingularité qui le caractérife , il n'eft point d'homme à qui l'on en ait comparé tant d'autres , & que tant d'autres ayent eu l'ambition d'imiter. La deftinée de fon nom eft d'entrer , fuivant la remarque de M. Boffuet , dans l'éloge de tout Guerrier célébre ; & graces aux Panégyriftes des Rois, il n'eft prefque plus de contrée qui n'ait fon Alexandre. C'eft que la fuite de fes actions forme, fi je l'ofe dire, un corps lumineux dont la grandeur frappa les hom-

A iij

mes. Cet Aftre, dès qu'il parut, fe fit admirer; & même aujourd'hui, malgré fa diftance, que le tems ne ceffe d'augmenter, il brille encore affez pour rappeller fouvent nos regards. Son éclat nous éblouït ; & chaque fois que dans le vafte horifon de l'Hiftoire s'élevent à nos yeux de nouveaux objets, nous les en rapprochons, pour les mefurer.

Ce Parallele qui fe fait par habitude , fans réfléxion , & prefque fans deffein, flate à la fois la vanité des rivaux d'Aléxandre & la nôtre. Comparer ainfi les hommes, c'eft les juger, & les juger de la façon qui doit le plus fatisfaire l'amour propre ; puifque ce jugement eft une forte de dé-

cifion facile, abrégée, fouveraine, qui paroiffant le fruit d'un
éxamen rapide, difpenfe en effet
d'examiner en détail, & d'appré-
cier le mérite de ceux dont on a
prétendu régler les rangs.

Aussi la plûpart de ces com-
paraifons, féduifantes au premier
coup d'œil, n'ont réellement au-
cune juftefle. Je parle de celles
que l'efprit fait fur le champ, ou
qu'il adopte fans difcuffion; &
qui fondées fur des rapports fu-
perficiels, ne foutiendroient pas
les regards de quiconque obferve
avant que de prononcer. On ne
peut trop au contraire eftimer
celles qu'un examen férieux a pré-
cédées. Tout Ecrivain, tout Lec-
teur qui, capable de voir & de ré-

fléchir, a pris à tâche d'étudier féparément deux caracteres ou deux
événemens, eſt en droit de les
placer ſous un même point de
vûe, ſi les traits de conformité
qu'il remarque entre eux, l'em-
portent ſur leurs différences. Plutarque l'a ſouvent fait avec ſuccès. L'eſprit d'analyſe ſi néceſ-
ſaire dans ces ſortes de Paralleles,
eſt ce qui diſtingue de la foule
des hommes le Spectateur Philo-
ſophe ; & l'on doit compter parmi les principaux avantages de
l'hiſtoire, les occaſions fréquen-
tes qu'elle fournit d'exercer cette
faculté précieuſe.

IL EST peu de faits impor-
tans, peu de caractéres remarqua-
bles qui ne ſe répétent, mais avec

des différences plus ou moins ap-
parentes : leur décompofition
nous inftruit du degré d'affinité
qu'ils ont entre eux. Cette opé-
ration, qui nous met à portée
d'envifager toutes les faces & même tous les points de deux objets,
n'a pas moins d'utilité que d'a-
grément. Il en réfulte toujours
une connoiffance plus parfaite
de chacun d'eux; & fouvent elle
découvre la différence réelle de
ceux qui paroiffent fe reffembler
le plus.

Je suis bien éloigné de comparer le caractére de Tahmas-
Kouli-Khan à celui d'Alexandre.
Je l'ai déja dit : Alexandre eft feul
de fa claffe ; & fi quelqu'un pouvoit être mis à côté de lui, ce ne

feroit pas l'avare ufurpateur de la couronne des Sophi , malgré le titre de Conquérant, qu'ils n'ont que trop mérité l'un & l'autre , & quelques traits de détail qui leur font communs. Mais quoique leurs Hiftoires foient abfolument différentes quant aux points ef- fentiels, il faut convenir qu'elles fe rapprochent dans plufieurs faits. Leurs expéditions dans l'In- de font en particulier deux évé- nemens dont la fcéne eft la mê- me , & qui joignent à cette pre- miere reffemblance quelques au- tres rapports.

Essayons de les comparer fuivant la méthode indiquée ci- deffus. Montrons quel jugement on doit porter de chacune d'elles , en démêlant le mieux qu'il nous fera possible, en quoi elles different , en quoi elles s'accordent ; si la somme & la qualité des différences sont plus fortes que la somme & la qualité des rapports ; & par conséquent, si dans l'idée qu'on doit se former de ces deux expéditions , il faut avoir plus d'égard aux traits de conformité qui semblent les placer sur la même ligne, qu'aux variétés qui les distinguent.

POUR procéder avec ordre , je dois commencer par le récit sommaire des deux expéditions. Quint-Curce, Plutarque, & surtout Arrien , qui travailloit sur les Mémoires des Généraux d'Alexandre, me fourniront l'abrégé

de la premiere : j'emprunterai les
traits dont je peindrai la seconde
des écrits qui se répandirent dans
le tems, mais, par préférence, du
récit que feu M. Otter en a fait
dans son Voyage de Perse. * Ce
récit mérite d'autant plus notre
croyance, que l'Auteur, aussi sin-
cère, qu'à portée de s'instruire,
en a puisé les principaux détails
dans les entretiens de témoins
oculaires, ou dans une Relation
Persanne écrite à Dilli même,
dont il a déposé un exemplaire
à la Bibliothéque du Roi.

---

* J'avertis aussi que pour les noms Orientaux, je suivrai le plus souvent l'orthographe de M. OTTER, fort différente de celle des autres Ecrivains. Il nous avertit lui - même qu'il s'étoit attaché soigneusement à cette partie ; & personne n'étoit plus en état que lui de nous guider en ce point,

PREMIERE PARTIE.

Précis des deux entreprises D'A-LEXANDRE & de TAHMAS-KOULI-KHAN.

§. I.

Expédition d'Alexandre.

ALEXANDRE débarqué sur les côtes de l'Asie mineu-re, au commencement de l'an 333. avant l'Ere Chrétienne, avoit conquis en moins de six ans tous les Etats de la Monarchie Persanne. Bornée à l'Occident par la Propontide [1] & la Mer Egée[2]; à l'Orient, par une portion de la chaîne du Mont Imaüs [3],

---

[1] La Mer de Marmora.   [3] Le Mont Ima.
[2] L'Archipel.

par le Mont Paropamifus [1], & les
Montagnes des Abaftanes [2] ; au
Nord par le Jaxartes [3], la Mer Caf-
pienne, l'Iberie [4], la Colchide [5],
& le Pont-Euxin [6] ; au Midi par
la mer des Indes, le Golfe Perfi-
que, l'Arabie déferte, la Mer Rou-
ge & l'Ethiopie [7] : elle renfer-
moit l'Egypte, la Phénicie, toutes les contrées de l'Afie foumifes
aux Turcs, toutes celles qui com-
pofent aujourd'hui le Royaume
de Perfe, & de plus la Bactriane [8],
la Sogdiane [9], la Bazarie [10] & quelques Pays habités par les Scythes
méridionaux. [11] Mais quelque va-

1 Le Mont Solyman.
2 Les Montagnes des A-
  ghuanes.
3 Le Fleuve Sihon.
4 La Géorgie.
5 La Mingrelie.
6 La Mer Noire.

7 La Nubie.
8 Le Royaume de Balkhe.
9 Le Royaume de Samar-
  cand.
10 Le Royaume de Bocara.
11 Les Tartares Usbecks.

fte que fût cet Empire, il ne put
fatisfaire Alexandre. A peine en
eut-il pris poffeffion, comme
vainqueur & comme héritier de
Darius, qu'il voulut en reculer
les limites.

IL COMMENÇA par dompter les
Nations barbares répandues au
Nord de la Perfe; & par une
victoire éclatante, il contraignit
les Scythes à refpecter les établiſ-
femens qu'il fit fur les bords de
l'Iaxarte. Ce fleuve fut fa barriere
du côté du Nord ; mais il ne revint fur fes pas que pour marcher
à la conquête des Indes, jadis
fubjuguées par deux Héros Grecs,
Hercule & Bacchus, fuivant une
ancienne tradition qu'il adop-
toit fans la croire, & dont le

fondement hiſtorique pouvoit
être l'expédition de Séſoſtris, ain-
ſi que l'a remarqué M. Newton.

LA RÉVOLTE de Spitaméne
& de la Sogdiane ſuſpendit à peine l'exécution de ce projet : il
ſoumit cette vaſte contrée en la
traverſant, s'empara de la Cho-
rienne & revint en triomphe à
Bactra faire les préparatifs de ſon
entrepriſe.

TOUT répondoit à ſes déſirs.
Sa modération ſeule auroit pu les
borner ; mais cette vertu n'étoit
pas à ſes yeux celle des Héros, &
la fortune lui montroit toujours
dans l'éloignement de nouveaux
lauriers. Ses Soldats attachés à
leur Chef par une admiration
qu'ils pouſſoient juſqu'au fana-
tiſme,

tifme, fe croyoient invincibles fous les aufpices d'un fils de Jupiter. Il étoit adoré des Perfes, & le bon ordre qu'il avoit établi dans fes nombreufes Provinces, paroiffoit lui répondre du repos de l'Afie.

AINSI craignant peu les fuites de fon abfence, il partit à la tête de cent vingt mille hommes de pied & de quinze mille chevaux. * C'étoit l'élite des troupes de la Macédoine & de l'Orient. On y voyoit des Maffagetes, des Saces, des Scythes de l'Iaxarte, des Sogdiens, des Bactriens, des Perfes, des Arabes; & cet affemblage de tant de peuples ne fembloit qu'un même corps

* *Plutarc. in vit. Alex.*

B

animé par le génie d'Alexandre.

C'est à la rive Orientale du fleuve *Indus*, aujourd'hui *le Sinde*, que commencent, à proprement parler, les Indes, divisées par le Gange en deux grandes parties. Entre l'Indus & les frontieres de Perse s'étendent du Nord au Midi quelques Régions, que les Anciens regardoient comme dépendantes de l'Inde, dont elles ont en effet presque toujours relevé, jusqu'à l'invasion de Tahmas-Kouli-Khan. Les Rivieres autrefois connues sous les noms de *Cophene* [1], de *Choaspe* [2] & de *Guræus*, [3] arrosent ces païs habités au tems d'Alexandre par les Arasociens, les Gandarites, les

1 Aujourd'hui le Beat.　　‖　　3 Aujourd'hui le Nilab.
2 . . . . le Cow.

Peuceliotes , les Abaſtanes , les Oſſadiens , les Sambeſtes & les Maſſanes. [1]

POUR aller de la Bactriane aux Indes , en ſoumettant ces di-verſes contrées , Alexandre prit ſa route par le Mont Paropa-miſus [2], traverſa ce païs rude & ſauvage dans lequel il avoit conſ-truit une ville , maintenant cé-lébre ſous le nom de Kandehar [3]; franchit les défilés des Monta-gnes ; & tandis qu'Epheſtion , à la tête d'un corps de troupes , al-loit s'emparer de la Peuceliotide & des bords de l'Indus , il paſſa le Cophene avec le gros de ſon armée. De-là remontant le long

1 Aujourd'hui le Cache-mire , le Kiabuliſtan , le païs des Patanes , le Moultan , le Bukor & le Sinde.

2 Les Monts Solymans.
3 *Arrian. de Exped. Alex.* L. IV. & V.

B ij

de cette riviere, il fubjugua tous les païs fitués entre elle & le Choafpe. Sa renommée combattoit pour lui. A fon approche, les peuples effrayés abandonnoient leurs habitations pour chercher des retraites inacceffibles, ou venoient en foule recevoir fes loix. Nyfe lui ouvrit fes portes, en l'affurant qu'elle avoit Bacchus pour fondateur. Enfuite ayant paffé le Choafpe, il fit des fiéges tous heureux, mais dans l'un defquels il fut bleffé, livra plufieurs combats, renverfa des obftacles fans nombre; & toujours vainqueur, foit en perfonne, foit par fes Généraux, ayant ou détruit, ou fait armer en fa faveur tous les petits Rois du païs,

après bien des fatigues & des dangers, il arriva devant le Roc Aor
ne, que sa hauteur, sa force &
sa situation paroissoient rendre
imprenable. Mais rien ne lui ré-
sistoit : il s'en vit bientôt le maître, & profitant de l'ardeur de
ses troupes, en seize jours de marche il pénétra jusqu'au fleuve Indus qu'il descendit sur de legers
bâtimens, jusqu'au Pont qu'E-
pheftion y tenoit prêt depuis
quelque tems.

CE FLEUVE l'un des plus
grands de l'Asie, & le plus grand
de l'Inde après le Gange, sujet
comme le Nil à des crües régu-
liéres & bienfaisantes, coule l'es-
pace d'environ 900 lieues du
Nord au Sud, & reçoit dans son

lit une foule de rivieres dont les plus confidérables font, *l'Hy-daſpe*, [1] *l'Acéſine*, [2] *l'Hydrao-te* [3] & *l'Hyphaſe*. [4] La Région qu'arroſent ces quatre Rivieres & l'Indus, appellée par cette raiſon, le *Pengab*, ou le païs des cinq Eaux, eſt une des plus fertiles de l'Indoſtan. Alexandre la trouva partagée entre quelques Nations indépendantes & pluſieurs Souverains dont les plus puiſſans étoient Taxile, maître des païs ſitués entre l'Indus & l'Hydaſpe, Abiſare & Porus dont les Etats s'étendoient depuis l'Hydaſpe juſqu'à l'Acéſine.

Des qu'Alexandre eut paſſé l'Indus, Taxile vint mettre ſa

1 Aujourd'hui le Chantrou. || 3 Aujourd'hui le Viah.
2 . . . . le Ravi. || 4 . . . . le Chaul.

couronne aux pieds du Conquérant. Il ne rougissoit pas d'avoir
pour maître le Vainqueur de l'A-
sie, & comptoit par cette promp-
te soumission s'en faire un protecteur contre les Princes ses voisins. Alexandre, sans l'estimer, lui
sçût gré de n'avoir pas retardé sa
marche : il lui rendit ses Etats,
lui demanda des troupes, des Eléphans, des munitions, & le prit
pour guide.

ABISARE, qui suivit l'exemple de Taxile, reçut le même trai-
tement. Mais Porus, Prince mag-
nanime, refusa froidement de
payer tribut, & vint à la tête de
ses Indiens disputer le bord de
l'Hydaspe.

LES DEUX armées furent bien-

tôt en préfence. Celle d'Alexandre étoit la plus forte ; mais elle
avoit à traverfer l'Hydafpe , fleuve profond , rapide , très - large
pour lors , & de plus défendu par
des troupes nombreufes , aguer-
ries , déja fiéres d'avoir ofé l'attendre , & conduites par un Roi
général & foldat , qu'animoit le
defir de vaincre un ennemi re-
gardé comme invincible, & prefque comme un Dieu.Cent quatre-
vingt-dix Eléphans & trois cens
chariots de guerre rangés en bataille près du fleuve, préfentoient
un front terrible. Alexandre pouvoit fe féliciter d'avoir enfin un
Rival digne de lui.

Ce Prince fit amener par terre tous les bateaux fur lefquels il

avoit déja traversé l'Indus , dans
la vûe de s'en fervir à passer l'Hydaspe. Mais défefpérant d'y réuffir à la vûe des Indiens , il fortifia
fon camp, amaffa des provifions
comme pour un long féjour , &
répandit fourdement le bruit ,
qu'il étoit réfolu d'attendre l'hy-
ver , pour tenter le paffage que
l'eau plus baffe en cette faifon
rendroit plus facile. Quel délai
pour Alexandre ! A peine tou-
choit-il au folftice d'été.

L'Hydaspe étoit rempli de
petites Ifles , où les plus braves
des deux partis alloient fouvent
effayer leurs forces & leur valeur à la vûe des deux Rois. Ces
efcarmouches où les Indiens eurent quelquefois l'avantage ne

décidoient rien ; mais elles les
familiarifoient avec des ennemis
redoutables : nouveau motif de
chagrin pour Alexandre , qui
comptoit beaucoup fur la terreur de fon nom.

L'impatience le fit enfin
recourir à la rufe, qu'il n'em-
ployoit jamais qu'à regret. Il
commença par donner de fauffes
allarmes à Porus , en feignant de
vouloir paffer de nuit à différentes hauteurs. Aux cris que jet-
toient à deffein fes troupes, Porus accouroit avec fes Eléphans ;
& bientôt rappellé d'un autre côté, ne fçachant où faire face, il
prit le parti de méprifer des ten-
tatives dont l'unique but fembloit être de le fatiguer. C'eft

tout ce que défiroit Alexandre.
Lorfqu'il le crut affermi dans cette fécurité, il partit avec l'élite
de fes troupes ; & s'éloignant des
bords du fleuve , pour n'être pas
découvert , il alla de nuit tenter
le paffage à fept lieues & demie
de fon camp, vis-à-vis d'une Ifle
affez grande, qu'il fçavoit être au
milieu de l'Hydafpe & toute
couverte de bois. Pendant cette
marche , Cratere refté vis-à-vis
de Porus, avec le gros de l'armée
Macédonienne , devoit fe mon-
trer en bataille fur le bord du fleuve. La tente royale y paroiffoit
comme dans les jours précédens,
avec les Gardes autour & toute la
pompe qui peut annoncer la préfence d'un Monarque puiffant.

PORUS prit le change ; & tandis qu'il croyoit appercevoir Alexandre, ce Prince étoit déja dans l'Ifle, où fes bateaux le paſſerent. Un orage furieux qui furvint auroit déconcerté tout autre que lui; mais il en profita. Guidé dans la nuit par la lueur des éclairs, malgré les vagues , le tonnerre & les vents, il atteignit enfin l'autre rive, & rangea fes troupes en bataille à meſure qu'elles débarquoient. Porus averti par fes coureurs de l'arrivée des Macédoniens dans l'Ifle , avoit fur le champ détaché fon fils avec deux mille Chevaux & cent vingt Eléphans. Alexandre qui marchoit en diligence vers le camp ennemi, les prit pour l'avant-garde

de l'armée Indienne ; & quoiqu'il
n'eût avec lui que fix mille hommes de pied & cinq mille chevaux, fûr de vaincre dès qu'il
pourroit combattre , il fondit
fur eux, les renverfa, les pour-
fuivit, & s'empara de tous les Eléphans. Le fils de Porus fut tué
dans la mêlée.

LES FUYARDS annoncerent à
ce Prince fon malheur & l'arrivée d'Alexandre. Il fortit alors
de fes lignes ; & chargeant quelques troupes de faire tête à Cratere, il rangea fon armée dans une
plaine affez unie , pour que les
chariots y puffent manœuvrer a-
vantageufement. Son ordre de
bataille, dont Arrien nous a laiffé
la defcription, marque un Géné-

ral qui fçait profiter du terrein ;
mais le choc impétueux d'Alexandre rompoit toutes les mesu-
res. Malgré la prudence & l'in-
trépidité de Porus, qui monté sur
son Eléphant, s'exposoit à tout,
& balança long-tems la victoire,
les Indiens n'eurent que l'honneur d'une vigoureuse résistance.
L'arrivée de Cratere que les cris
des combattans avertirent de pas-
fer le fleuve, décida du fort de la
bataille. Vingt-trois mille Indiens resterent sur la place. Porus
fait prisonnier fut conduit devant Alexandre, qui charmé de
sa grandeur d'ame, se fit un plai-
fir de lui rendre sa couronne, &
de le mettre au rang de ses alliés.

DEUX Villes bâties sur les bords

de l'Hydafpe furent les monumens de cette éclatante journée,
que couronnerent les plus rapides
progrès. Alexandre fçavoit vaincre, & profiter de la victoire. Elle ouvrit aux Macédoniens tous
les païs fitués entre l'Acéfine &
l'Hydraote : cette grande contrée ¹ fut auffi-tôt foumife que
parcourue. Ils pafferent enfuite
l'Hydraote fans trouver d'obftacle. Au-delà de ce fleuve habi-
toient plufieurs Nations libres &
guerrieres, dont la plus confidérable étoit celle des Cathéens.
L'intérêt commun les réunit contre un Prince, ennemi de la liberté de tous les peuples : elles fe
liguerent, & leurs troupes nom-

¹ La plus grande partie de ‖ appelle aujourd'hui le Royau-
cette contrée forme ce que l'on ‖ me de Lahour.

breuſes l'attendirent ſous les murs
de Sangale. Alexandre battit les
Confédérés , & raſa la ville juſqu'aux fondemens.

TOUT plioit devant lui. Plein
d'ardeur & d'eſpérance il paſſa
l'Hyphaſe, réſolu de pénétrer juſqu'au Gange,& de ne mettre d'autres bornes à ſes conquêtes , que
celles de l'Univers; mais les plain-
tes de ſes ſoldats l'arrêterent enfin. Découragés par des ſuccès ,
qui loin d'avoir pour terme un re-
pos glorieux, les expoſoient ſans
ceſſe aux dangers de nouvelles
entrepriſes , ils déclarerent hau-
tement , qu'ils ne ſuivroient plus
Alexandre. En vain il employa
les menaces, l'autorité, les priè-
res. Il fut contraint de revenir
ſur

fur fes pas, après avoir conquis le Pengab en moins de quatre mois.

AVANT fon départ il fit conf-truire douze autels en l'honneur des Dieux de la Gréce, & tracer au-delà de l'Hyphafe, un camp, qui, par l'étenduë de fon enceinte, & la grandeur démefurée des ar-mes & des autres monumens qu'il y laiffa, devoit faire croire à la poftérité que fa taille & celle de fes Macédoniens étoit plus qu'hu-maine.

EN REPASSANT l'Hydraote, il laiffa Porus maître de tout ce qu'il avoit conquis jufqu'à l'Hyphafe, & reconcilia ce Prince avec Ta-xile. Enfuite il s'embarqua fur l'Acéfine avec une partie de fes troupes, faifant marcher le refte

C

sur les deux bords du fleuve. Sa flotte mit à la voile à la fin d'Octobre, & souffrit beaucoup au confluent de l'Acésine & de l'Hydaspe ; mais ces obstacles naturels ne furent pas les seuls qu'il eut à combattre. Deux peuples belliqueux, les Oxydraques & les Malliens, presque toujours ennemis, mais alors ligués contre lui, opposoient à son retour une armée de cent mille hommes & de nombreuses forteresses. Alexandre les défit en plusieurs rencontres, s'empara de presque toutes leurs villes, & mit le siége devant la Capitale.

C'EST là que l'attendoit le plus grand des hasards qu'il eût jamais affrontés. On sçait qu'en donnant

l'assaut, il se précipita, lui qua-
triéme, du haut des remparts au
milieu de la Place ; & qu'assailli
sur le champ par les Indiens, blef-
sé d'un coup de fléche, se défen-
dant à peine, sans force & presque sans connoissance, le Héros
de la Gréce, le Maître de l'Orient
fut près de périr comme un avan-
turier. Mais il étoit encore plus
heureux que téméraire : les siens
arriverent à tems pour le secourir.
On l'emporta sanglant : la plaie
n'étoit que dangereuse ; les Malliens effrayés d'apprendre qu'il vi-
voit encore, le crurent immortel,
& se hâterent de lui demander la
paix.

CETTE guerre fut suivie d'une
autre. Le cours de l'Hydaspe con-

duifit Alexandre dans le pays des
Sadraques, nation puiffante, qui
fe rendit néanmoins fans réfiftance; & de-là fur les terres de
trois petits Souverains. Deux de
ces Princes montrerent quelque
courage : il fallut les combattre ;
& leur défenfe, fans être affez o-
piniâtre pour irriter le Conquérant, fut affez longue pour leur
mériter fon eftime. Le troifiéme
ayant repris les armes après une
feinte foumiffion, expia fa perfi-
die par un fupplice honteux.

LA MARCHE de l'armée Macédonienne interrompue par ces
différentes expéditions, avoit été
d'environ neuf mois. Elle arriva
vers la fin de Juillet à Patale, lieu
remarquable, près duquel l'Indus

fe fépare en deux bras , qui forment une ifle femblable au Delta
de l'Egypte , mais plus large. Alexandre s'embarqua fur le bras droit
de ce fleuve, pour aller à la décou-
verte de l'Océan. Sa flotte courut
mille dangers : fes matelots , qui
ne connoifloient que la Méditer-
ranée , furent effrayés du flux &
du reflux , qu'ils prenoient pour
une agitation caufée par des gouf-
fres , ou par des tempêtes. Mais
enfin il vit l'Océan , & contempla
d'un œil avide & fatisfait cette
barriére du monde. Après s'être
donné ce fpectacle , il rejoignit
fon armée aux environs de Patale , & fit tout préparer pour le
retour à Babylone.

IL RAMENA la plus grande par-

guerres qui défoloient la Perfe ;
enfin général & miniftre de fon
légitime Souverain, il avoit fçû,
par fa conduite autant que par fa
valeur, délivrer fa patrie du joug
des Afgans, les chaffer de la Capitale, y ramener en triomphe
l'héritier de Chah Hufeïn, & réu-
nir en moins de dix ans à la Monarchie Perfanne, prefque tout ce
qu'elle avoit perdu depuis la révolution de 1722. La Perfe lui devoit tout ; & fi le bonheur de fon
pays eût été l'unique but de fes
démarches, fujet auffi fidéle que
grand politique, auffi bon citoyen
qu'habile général, il eût mérité
d'être mis au rang des héros, de
ces hommes rares, en qui les talens font briller les vertus, en les

rendant utiles.

MAIS l'ambitieux travailloit pour sa propre grandeur, en paroissant se dévouer à celle de son Roi. Il ne l'avoit rétabli sur le trône que pour l'en faire descendre, & s'y placer lui-même, dès que l'éclat de ses exploits & le concours des circonstances le mettroient en état de tout oser impunément. On sçait avec quelle adresse & quelle hauteur il força la Perse indignée, mais tremblante, de lui offrir le diadême du grand Abbas, dont il eût peut-être mérité de descendre, & que seul il pouvoit faire revivre, mais dont il venoit de détruire la postérité. Cette grande scène qui se passa au printems de l'année 1736. avec

une tranquillité que troublerent
à peine quelques murmures, mit
le comble à ſes vœux. Il fut pro-
clamé Roi ſous le nom de *Chah*
Nadir, que nous lui donnerons
dans la ſuite de ce Mémoire.

DES QU'IL eut pris poſſeſſion
de la couronne, il voulut faire ou-
blier qu'il l'uſurpoit, en ſe mon-
trant digne de la porter. La guerre
contre les Turcs duroit encore,
malgré les conférences d'Erze-
roum : il la termina par un traité
avantageux, & renouvella ceux
qu'il avoit déja conclus avec la
Cour de Ruſſie. Il parut enſuite ne
s'occuper que de l'intérieur de
l'Etat. Par la ſageſſe de ſes meſu-
res, on vit bientôt les querelles
de religion qui déchiroient le

Royaume, étouffées, ou du moins fufpendues, l'ordre de la fucceſſion réglé dans ſa famille, les établiſſemens faits ſous le regne glorieux d'Abbas ſe relever de leurs ruines, la réforme introduite dans toutes les parties de l'adminiſtration, & le commerce, anéanti pendant les derniers troubles, renaître inſenſiblement.

CEPENDANT à l'ombre de ces ſoins paiſibles, Chah Nadir méditoit de nouvelles entrepriſes. La Perſe ne portoit plus les fers des Afgans ; mais elle n'étoit pas vengée. Ils ſubſiſtoient encore ; & fortifiés dans les Montagnes du Kandehar, la derniere & la plus méridionale des Provinces du Royaume, ils bravoient les menaces de Nadir. Hufeïn Khan leur chef coufin du dernier tyran de la Perfe, avoit arboré l'étendart de la révolte, en maffacrant les garnifons Perfannes. Maître de toutes les forterefles du païs, excepté de Langor, il afpiroit à l'indépendance fous la protection du Mogol. Malgré le traité de paix, qui fubfiftoit entre les deux Couronnes; la Cour de Dilli favorifoit fecrettement ce rebelle. Il en tiroit de gros fubfides, qui l'aidoient à foudoyer des troupes étrangeres; elle avoit même engagé les Tartares de Samarcand & de Balch à fe joindre aux Afgans. C'étoit rompre en effet avec la Perfe, en paroiffant la ménager. Nadir charmé de l'occafion que lui fournifloit l'Empereur Mogol, réfolut d'envahir les Indes, dès qu'il auroit dompté les Afgans.

LA PRISE de Kandehar fut le prélude de cette conquête. Les troupes Perfanes encouragées par la réduction de cette Place, l'une des plus fortes de l'Orient, & par celle de la Province entiere qui fuivit de près, virent avec tranf-port les préparatifs d'une expédition, qui devoit les récompenfer de leurs travaux. La promeffe que fit Nadir d'abandonner au foldat la moitié du pillage, attira fous fes enfeignes une foule de Géorgiens, de Kiurds, d'Afgans, de Tartares, tous guerriers, endurcis à la fatigue, avides du butin;

& bientôt fon armée fe trouva forte de cent quarante mille hommes. Il fe mit à leur tête, & franchit les défilés des Monts Solimans, au milieu de l'année 1738. Les liaifons fecrettes qu'il entretenoit à la Cour du Mogol redoubloient fes efpérances. Nizam-ul-Mulk, l'un des principaux *Umeras* ou Seigneurs de cette Cour, & gouverneur de la Province du Dekien, jaloux de la puiffance de Khan Devran favori de l'Empereur & Généraliffime de fes armées, avoit écrit au Roi de Perfe des lettres, par lefquelles il s'engageoit à le feconder.

CES PROMESSES hâterent la marche du Conquérant. Il falloit qu'il débutât par s'affurer des Pro-

vinces dépendantes de l'Indoftan,
& qui le féparent de la Perfe.
Comme le Kiabuliftan, l'une de
ces Provinces, eft le grand paffage de la Perfe aux Indes, les Em-
pereurs Mogols entretenoient
fur fes frontieres une armée nom-
breufe pour la fureté des places
& la garde des défilés. Mais Nadir avoit déja forcé celui de Gour-
bend, & pris Gaznin, avant que le
Gouverneur eût raffemblé fes
troupes. Soit foibleffe, foit trahifon, il s'enfuit fans combattre,
laiffant foixante mille hommes
& Kiabul à la merci des Perfans.
Nadir mit le fiége devant cette
Capitale du païs, & s'en empara
malgré la réfiftance du Comman-
dant, qui tint ferme quelques

jours dans l'espérance d'être se-
couru. Cet officier le seul peut-être dont le courage & la fidélité
se soient signalés dans la révolution, fut massacré par ordre du
vainqueur. Les assiégeans trou-
verent dans la ville des trésors &
des magazins, qui les mirent en
état de pousser leurs conquêtes.

La prise de Kiabul porta l'é-
pouvante dans la Cour de Chah
Muhammed; c'est le nom de ce
Prince qui descendoit de Tamer-
lan par une longue suite d'aïeux.
Les Ministres déciderent que
l'Empereur marcheroit en personne à la tête de son armée.
Nizam-ul Mulk appuya ce conseil pour ne pas devenir suspect,
& peut-être aussi dans l'intention
qu'il

qu'il ne fut pas suivi. En effet dès
que le Généralissime le sçut de ce
sentiment, il changea d'avis &
fit changer l'Empereur. Ces irré-
solutions donnerent à Nadir le
tems de battre quelques petits
Gouverneurs Indiens ligués avec
des Afgans, & de s'emparer de
Pichaiver.

A MESURE qu'il s'approchoit,
la terreur & le désordre redoubloient dans la Cour Impériale.
Tous les Umeras saisis d'effroi se
rassemblerent dans le Palais. On
tint un grand Conseil, dont le résultat fut de faire avancer les troupes jusqu'au bourg de Kiernal à 55
lieües de Dilli. Elles se mirent en
mouvement le 2 de Janvier 1739.
Cette armée, l'une des plus bril-

D

lantes & des moins redoutables qu'on ait jamais raſſemblé dans l'Orient, étoit forte de deux cens mille hommes*, que pluſieurs corps de troupes tirés des Provinces devoient joindre ſur la route. Muhammed la commandoit en perſonne. Les préparatifs du départ d'un Empereur Mogol ſont infinis. Il ne marche qu'avec tou-

* Je ſuis ici M. OTTER préférablement à tous les autres Ecrivains. Ils ont tous donné dans une hyperbole plus que poëtique, au ſujet du nombre de troupes qui compoſoient l'armée de Muhammed. Dans une de ces rélations, elle eſt compoſée de 400. mille chevaux & de 700. mille hommes de pied; dix mille canons de bronze forment l'artillerie, &c... L'hiſtorien Hollandois ne parle que de 500. canons & de 2000. éléphans. Le calcul de M. OTTER eſt bien différent. En général on approche de la vérité, à meſure qu'on s'éloigne du merveilleux: première raiſon qui rend ſa narration plus croyable. Le caractére du témoin & le ton du recit ſont un ſecond motif. Ajoutons à ces deux preuves déja ſi déciſives, que quelque nombreuſe qu'auroit pû être l'armée de Muhammed, il n'avoit point encore eu le tems de la raſſembler. D'où peut donc venir une telle différence? C'eſt, ſi je ne me trompe, que les auteurs des exagérations confondent avec l'armée du Mogol, cette multitude inutile qu'elle traînoit à la ſuite par un faſte oriental, au lieu que M. OTTER, ſans en parler, la ſuppoſe, & ne fait mention que de ceux qui portoient les armes.

te fa Cour, dans une pompe re-
gardée comme effentielle à la majefté du trône ; & tous fes mouvemens font affujettis aux loix
d'un cérémonial, qui ne céderoit
pas même aux befoins de l'Empire. Tandis que les courtifans difputoient fur l'étiquette, l'armée
ne s'avançoit qu'avec une lenteur,
favorable aux progrès de Nadir.

CE PRINCE inftruit de tout
par fes intelligences avec les mé-
contens, après s'être fortifié dans
Pichaiver, fe faifit d'Etek au
bord du Sinde. Pour n'être pas
arrêté par les rivieres, il avoit fait
conftruire une grande quantité
de barques, qu'on pouvoit dé-
monter & charger par piéces fur
des chariots. Elles devoient def-

cendre par le Nilab dans le Sinde,
pour être tranſportées enſuite ſur
les autres fleuves qu'il rencontre-
roit juſqu'à Dilli. Ses coureurs lui
rapporterent que le Sinde étoit
d'une largeur effrayante, & que
la rive paroiſſoit couverte d'hommes & d'éléphans. Ce n'étoit
pas la grande armée du Mogol; elle affamoit encore les environs de
la Capitale. C'étoient les troupes
particulieres de la Province de
Lahour, ancien Royaume de Porus, raſſemblées à la hâte pour diſputer le paſſage. Nadir leur oppo-
ſa la meilleure partie des ſiennes,
& fit amener ſes bateaux, comme s'il eût voulu traverſer le fleuve à la vûe des ennemis. Pendant
que cette manœuvre les tenoit en

échec, il alla chercher avec sa cavalerie un gué qu'on lui avoit in-
diqué quelques lieües au-delà, &
revint ensuite fondre sur les Indiens. Ils ne l'attendirent pas. Nadir, maître des deux rives, fit passer son armée sans opposition :
c'étoit dans les premiers jours de
Janvier de l'année 1739.

PLEINS d'esperance & de joye,
les Persans se crurent maîtres de
Dilli, dès qu'ils se virent au-delà du
Sinde. Nadir sans perdre de tems,
prend la route de Lahour. Tout
fuit sur son passage : les villes, les
rivieres, les montagnes, rien ne
l'arrête ; bientôt il est devant la
Place. Le Gouverneur partisan secret de Nizam-ul-Mulk, fit mine
de vouloir se défendre. Il avoit

assemblé des troupes, réparé les fortifications de la ville; il preſſoit même par ſes couriers la marche de l'armée Indienne. Mais ces préparatifs n'étoient qu'un jeu : dès que Nadir parut, il ſe retira dans la citadelle, & ne s'y maintint qu'autant qu'il le falloit pour déguiſer ſes intelligences.

Le Roi de Perſe mit garniſon dans Lahour, & campa huit jours aux environs pour faire repoſer ſes troupes. Enſuite il traverſa le Chaul, autrefois l'Hyphaſe; & maître du Pengab, il marcha droit à Kiernal, où l'armée Mogole étoit enfin arrivée le 5 de Février. Il la trouva retranchée dans ſon camp, & réſolut de la détruire, en lui coupant les vivres.

Il n'étoit pas difficile d'y réuffir.
Muhammed n'avoit eu ni le tems
ni l'attention de pourvoir à la
fubfiftance de cette multitude
confufe qu'il appelloit fon armée.
Les horreurs de la famine fe firent
en peu de jours fentir dans le
camp des Indiens, que Nadir tenoit exactement bloqué.

Les deux armées ne pouvoient
long-tems refter dans une pareille fituation ; un coup d'éclat devoit terminer la querelle. La confiance des Perfans & l'effroi de
leurs ennemis annonçoient de
quel côté pancheroit la fortune.
Jamais les Indiens ne fortoient
de leurs retranchemens, fans être
battus par les partis dontNadir in-
feftoit la campagne. Muhammed

perdit près de cinquante mille hommes en différentes occafions.

Enfin une troupe de Perfans força les lignes , & pénétra juf-qu'aux bagages de l'armée. L'al-larme fe répandit dans l'enceinte du camp. Aux cris confus des fuyards & des vainqueurs, Khan Devran & les plus braves des Umeras accoururent avec l'élite des troupes. Les Indiens fe rallie-rent à la voix de leurs chefs, & la victoire fut fur le point d'écha-per aux Perfans, Ceux-ci con-traints de fe battre en retraite hors des lignes, attirerent les ennemis en pleine campagne. Nadir averti fit foutenir les fiens par un renfort qui rétablit l'équilibre, & lui don-na le tems d'arriver avec toute fon

armée. Celle des Indiens s'ébran-
la de fon côté toute entiere; & ce
qui n'étoit d'abord qu'un combat
engagé par hazard, devint une
action décifive.

LE NOMBRE d'un côté, la valeur
de l'autre lutterent d'abord avec
un fuccès égal. L'intrépide Khan
Devran fe montroit par-tout, &
la valeur du général fembloit fe
communiquer à fes foldats. Mais
une bleffure mortelle ayant forcé
ce brave guerrier à quitter le
champ de bataille, les Indiens
perdirent courage, & plierent de
toutes parts. Ils furent bientôt en-
foncés. Nadir profitant de leur
confternation, perça les rangs les
plus épais à la tête de fa cavalerie:
la déroute fut générale & le car-

nage affreux. Le timide Muhammed rentra dans ſes lignes avec
les débris de ſon armée, laiſſant
la plaine couverte de morts ; &
Khan Devran ne ſurvécut de quelques heures à la bataille, que pour
voir en expirant le traître Nizam-
ul-Mulk inſulter à ſa mort, & ſe
préparer à mettre le comble aux
malheurs de l'Inde, par un accom-
modement plus funeſte, que la
guerre qu'il avoit ſuſcitée.

L'Empereur Mogol avoit encore aſſez de troupes pour riſquer
une ſeconde bataille. Il lui reſtoit
des Généraux à qui la honte & le
déſir de la vengeance tenoient
lieu de ſcience & de valeur : Nadir étoit affoibli par ſa victoire
même. Mais la terreur avoit fai-

fi le foible Muhammed, & Nizam-
ul-Mulk à qui la mort de Khan
Devran ne laiſſoit plus de rival, ſût
ſi bien abuſer des frayeurs de ce
Prince ; il lui peignit ſi vivement
le danger de ſa ſituation, la puiſſance & le bonheur de Nadir, les
ſuites funeſtes d'une plus longue
réſiſtance ; qu'il détermina ſon
maître à demander la paix, & ſe
fit donner à lui-même les pleins
pouvoirs pour la négocier avec
le Roi de Perſe.

LE RÉSULTAT de leurs conférences fut une entrevûe des deux
Monarques: Muhammed vint au
camp de Nadir, qui lui déclara
qu'il vouloit bien lui laiſſer ſa couronne ; mais qu'il prétendoit aller à Dilli avant que de retourner
en Perſe.

Apres ce difcours il le remit à la garde d'un Vifir Perfan. Cette nouvelle acheva de diffiper les Indiens. Nadir maître de l'artillerie, des munitions, de la caiffe militaire & de toutes les richeffes qu'ils laiffoient dans leur camp, fit tranfporter tous ces effets à Kiabul, & prit le chemin de la capitale, traînant à fa fuite l'infortuné Muhammed, & précédé d'un détachement nombreux, qui prit poffeffion de Dilli. Sa marche avoit l'air d'un triomphe. L'Empereur paroiffoit l'accompagner volontairement avec toute fa Cour ; & cette apparence de liberté en impofoit à fes fujets qui crurent, en fe foumettant au vainqueur, fuivre les ordres de leur Prince.

L'ENTRÉE de l'Empereur pré-
céda d'un jour celle du Roi, qui fe
fit le 9 de Mars avec une pompe
guerriere, mais fans fpectateurs.
L'épouvante avoit renfermé dans
leurs maifons les nombreux habitans de Dilli. Un morne filence
régnoit dans cette ville, comme
dans un défert. Nadir s'empara de
la citadelle, répandit fes troupes
dans les differens quartiers, & prit
toutes les mefures qui pouvoient
y faire refpecter fes ordres, jufqu'à ce qu'il eût réglé avec Nizam-ul-Mulk les articles du traité de paix entre les deux Empires.
Pendant qu'ils y mettoient la derniere main, & que Muhammed
relégué dans fes Jardins, attendoit en tremblant ce que fon

vainqueur & fon miniftre ordon-
neroient de fa deftinée, un tu-
multe imprévu rompit la négo-
ciation. Quelques Umeras, vou-
lant diffiper la frayeur des Indiens femerent le bruit, que Nadir venoit d'être maffacré dans
fon palais. A cette nouvelle les
habitans prirent les armes pendant la nuit, & firent main baffe
fur tout ce qu'ils rencontrerent
d'ennemis difperfés. Nadir à fon
réveil vit les places de Dilli jon-
chées de Perfans. Ce fpectacle le
mit en fureur. Moins outré cependant de la perte des fiens, que
charmé du prétexte qu'elle lui
donnoit d'affouvir à la fois fon
avarice & fa cruauté, il livra cette malheureufe ville à la ven-

geance du foldat.

EN UN moment fes ordres furent exécutés. Jamais Place emportée d'affaut n'éprouva tant
d'horreurs. Les Perfans répandus
par tout enfoncent les maifons,
les palais ; forcent les mofquées ;
égorgent femmes, enfans, vieil-
lards ; & ne font trêve au maffacre, que pour fe livrer au pillage.
L'or, l'argent, les pierreries tant
de richeffes accumulées dans le
fein d'une paix profonde, devinrent en un moment la proye de
ces barbares. Ils finirent par mettre le feu dans les principaux
quartiers qui furent réduits en
cendres. Deux cens mille perfon-
nes périrent dans ce maffacre.
Dilli n'étoit plus qu'un monceau

de ruines. Nizam-ul-Mulk, dévoré de remords à la vûe de ce spectacle dont il se reprochoit d'être la cause, alla se jetter aux pieds de Nadir, & lui demander grace pour les malheureux débris d'une ville jusqu'alors si florissante. Nadir après un torrent d'injures & de menaces fit enfin cesser le carnage, & ne s'occupa plus qu'à ramasser les dépouilles de cette capitale de l'Indostan.

PAR son ordre on taxa les habitans à des contributions excessives. Les grands de l'Empire, les gouverneurs des Provinces, les riches négocians ne racheterent leurs vies, que par des sommes immenses. Il se fit amener de Bengale, la caisse des impôts : enfin il s'em-

il s'empara du tréfor de l'Empereur, & des meubles les plus pré-
cieux de la couronne, entre autres du trône du Paon , eftimé
neuf *Kiurours* ; tout ce butin fut
conduit à Kiabul, fous une bon-
ne efcorte.

LES FESTES, les promenades,
les feftins voluptueux remplif-
foient cependant toutes les heures de cet avare conquérant : en-
richi des dépoüilles de l'Inde, il
voulut en goûter les délices. Au
milieu des horreurs de la guerre,
tous les plaifirs furent pendant
quelques jours raffemblés dans le
palais.

L'ALLIANCE des deux maifons
royales lui parut un moyen d'affurer fes conquêtes, & dans cette

E

vûe il demanda la fille de Muhammed pour le fecond de fes
enfans. Ce mariage auquel le foible Empereur n'ofa s'oppofer, fut
accompagné d'un acte folemnel
écrit de la main de Muhammed
& fcellé du fceau de l'Empire, par
lequel il cédoit à perpétuité toutes les Provinces fituées entre la
Perfe & l'Indoftan, & reconnoif-
foit le Sinde pour la barriere des
deux Etats.

CET ACTE eft du mois d'Avril :
Nadir pendant le refte de fon féjour à Dilli, tira de nouvelles
fommes des principaux Umeras
par des exactions qu'il ne dai-
gnoit pas même colorer du moindre prétexte. Enfin, lorfqu'il fut
fur le point de partir, il les affem-

bla dans le Palais en préfence de
l'Empereur ; & les ayant traité
tous avec le mépris que méri-
toient la trahifon de quelques-
uns & la lâcheté de la plupart , il
déclara qu'il rétabliffoit Muhammed fur fon trône , lui nomma
fes miniftres, régla jufqu'au nombre des officiers de fa maifon, &
le contraignit à fe reconnoître tri-
butaire de la Perfe.

C'étoit au commencement du
mois de Mai. Le lendemain de
cette fcêne, il reprit la route de
Kandehar , emmenant avec lui
des ôtages jufqu'aux frontieres ,
& chargé des tréfors de l'Indoftan.

LA DÉPOUILLE étoit immen-
fe ; les calculateurs les plus réfer-

vés l'évaluent à 1800 millions de notre monnoye. Le tranfport de tant de richeffes rendit fa marche plus lente & plus difficile. Il lui fallut fouvent défendre fa prife contre les Indiens & les Afgans, unis enfemble pour l'attaquer. Mais il fçut placer fi à propos la force & la rufe, l'intrigue & la hauteur, qu'il triompha de tous les obftacles, diffipa toutes les ligues, paffa toutes les rivieres, tous les défilés, groffit même fon tréfor par des moyens inoüis jufqu'alors. Il ofa commander à fes foldats de lui remettre tout ce qu'ils avoient pillé dans le cours de cette expédition, & fes foldats n'oferent lui défobéir. Toutes les Provinces réunies à la Couronne par le nou-

veau traité le reconnurent pour
Souverain. Il y laiſſa ſon fils avec
des troupes, & dès qu'il eut atteint
les frontieres de Perſe , il quitta
le gros de ſon armée , & prit à la
tête de ſes gardes le chemin
d'Iſpahan , où il arriva ſur la fin
de Septembre , avec les tréſors de
Darius & les lauriers d'Alexandre.

E iij

SECONDE PARTIE.

Comparaison des deux entreprises d'ALEXANDRE & de TAH-MAS-KOULI-KHAN.

UN coup d'œil sur les deux tableaux que je viens de présenter suffit pour faire en mê-me-tems appercevoir tous les traits de conformité qu'ils ont entre eux & la plûpart de leurs différences. Je ne prétens donc pas les indiquer au Spectateur, com-me des observations qui me soient propres : tout homme qui pense les auroit faites comme moi. Je ne veux seulement que fixer ses regards sur les points qui me paroissent les plus dignes de remarque, & que fans doute il démêleroit de lui-même, s'il les confidéroit avec l'attention que je leur ai donnée.

§. I.

COMMENÇONS par les rapports qu'un certain enchaînement de circonftances a mis entre les deux entreprifes : ils font frappans. Les deux acteurs font des hommes célébres par leurs exploits & dont le bonheur fut égal, puifque le premier n'a jamais été vaincu, & que le fecond, artifan de fa fortune, de l'état le moins élevé, s'eft ouvert une route jufqu'au trône Ils paroiffent ici fur le même théâtre : ils partent précifément des mêmes païs, prennent

E iiij

la même route ; fubjuguent les mêmes contrées : leurs armées font égales pour le nombre des foldats ; ont une ardeur pareille ; font toutes deux formées de l'af-femblage de différentes Nations : ils employent des moyens fem-blables pour traverfer les mêmes fleuves ; tous deux marchent d'un pas rapide, tous deux remportent des victoires ; enfin le tems écou-lé depuis le départ de la Perfe, où commence chaque expédition, jufqu'au retour qui la termine, eft le même de part & d'autre. Reprenons en peu de mots cha-cun de ces articles.

ALEXANDRE prit fa route par le Kandehar, & pénétra fans obf-tacle, par les défilés des Monts

Solymans, dans les Provinces ren-
fermées entre ces montagnes &
le Sinde, alors nommé l'Indus.
C'eft auffi de Kandehar qu'eft
parti Chah Nadir; il a traverfé les
mêmes défilés, avec la même facilité.

L'ARMÉE d'Alexandre forte
d'environ cent quarante mille
hommes étoit un compofé de
Grecs, de Bactriens, de Sogdiens,
de Perfes, de tous les peuples en
un mot qu'il avoit domptés. Celle de Nadir étoit auffi de cent
quarante mille hommes, & réu-
niffoit fous fes drapeaux diver-
fes Nations; Perfans, Kiurds,
Géorgiens, Afgans, Tartares.

LE HÉROS Grec commence
par s'affujettir tous les païs fitués

entre la Perfe & l'Indoftan : les
bords du fleuve Guræus font la
fcêne de fes premiers exploits
contre les Indiens. Telle eft la
marche du Monarque Perfan :
la conquête qu'il fait des Provinces dépendantes du Mogol, eft le
préliminaire de fon expédition ;
& dans le récit que j'en ai fait, l'on
a pu remarquer le Guræus fous le
nom de Nilab.

Du TEMS d'Alexandre, ces contrées & les Indes mêmes étoient
partagées entre plufieurs Etats dif-
tingués; il les attaqua féparément,
& profita même de leur défu-
nion pour fe les affujettir. Leur fituation à cet égard eft aujourd'hui
peu différente. Quoique foumifes toutes au même Souverain ,

quoique confidérées comme des portions du même Empire, ce font des parties en quelque forte détachées du corps même ; elles en relevent plutôt qu'elles ne lui appartiennent. Leurs Gouverneurs jouiffent d'une autorité prefque indépendante : efpéces de Satrapes qui fe font la guerre entre eux, dont chacun a fon armée, fa cour, fes intérêts, & qui quoique fujets du même Prince, ne s'entr'aident que lorfqu'ils font alliés. Ainfi quoique Nadir parût attaquer à la fois toute la monarchie Indienne, il eut en effet le même avantage qu'Alexandre : il la combattit en détail, fi j'ofe me fervir de ce terme.

ALEXANDRE avoit fait conf,

truire un grand nombre de bateaux, qui pouvoient fe démon-
ter & fe charger par piéces fur des
voitures ; & ce Prince s'en fervit
utilement au paffage des grands
fleuves, dont le Pengab eft arro-
fé : on les voit paroître fur l'Hydafpe, quand il feignit de le paffer vis-à-vis de Porus. Nadir employa dans la même vûe des bateaux femblables : ils defcendi-
rent du Nilab dans le Sinde, lorf-
que les Perfans voulurent fran-
chir cette barriere.

ALEXANDRE, pour tromper Porus, remonta l'Hydafpe avec l'é-
lite de fes troupes, en laiffant le
refte en préfence des ennemis ; &
dès qu'il fut fur leur bord il marcha fur le champ contre eux. Na-

dir eut recours à la même rufe contre le Viceroi de Lahour, qui lui difputoit le paffage du Sinde: nous l'avons vû laiffer le gros de fon armée vis-à-vis des Indiens, remonter le fleuve avec fa cavalerie, pour le paffer fans obftacle, & fondre enfuite fur les ennemis, dont il trouva les lignes abandonnées à fon approche.

ALEXANDRE, après fa victoire, rendit à Porus les Etats dont il venoit de le dépoüiller : Nadir, en reprenant le chemin de la Perfe, laiffa le trône de l'Inde à Muhammed.

L'EXPÉDITION d'Alexandre n'a duré que vingt mois : parti dès le milieu du Printems de l'année 327. il étoit de retour en Per-

ſe dans l'Automne de l'année ſuivante. Nadir n'a pas mis plus de
tems à conquérir les Indes; il en-
tra dans la Province de Kiabul au
milieu de l'année 1738. il avoit
ſubjugué le Pengab au mois de
Février de l'année ſuivante, étoit
maître de Dilli au mois de Mars,
& rentra dans Iſpahan au mois de
Septembre. C'eſt à peu près le même intervalle entre le départ &
le retour des deux Conquérans.

Ajoutons à tous ces traits
de reſſemblance un dernier trait
qui mérite encore plus d'être remarqué. L'émulation eſt une des
cauſes auxquelles on doit attri-
buer les deux entrepriſes. Alexandre marcha contre les Indes
ſur les pas de Bacchus; & Nadir

suivit les traces d'Alexandre. En effet tous les Hiftoriens s'accordent fur ce point au fujet du Héros Grec; & quand ils ne le diroient pas, l'accueil qu'il fit aux habitans de Nyfe, & l'équipage dans lequel il revint, fuivi de fes foldats armés de thyrfes & couronnés de lierre, annoncent affez un rival de Bacchus. A l'égard de Nadir, nous ne pouvons refufer d'en croire fon propre témoignage : lui-même nous apprend qu'Alexandre fut le modéle qu'il fe propofoit. Cette affectation paroît jufques dans l'acte de ceffion que lui donna Muhammed, & dont il dicta les termes au timide Empereur. A la tête de cet acte il prend les noms de Prince des

Princes, de Roi des Rois, d'ombre
de Dieu fur la terre , de protecteur de l'Iſlam, ou de la vraie foi ;
& le dernier de ces noms faſtueux
eſt celui de *ſecond Alexandre*.

Dans les premieres qualifica-
tions , on doit reconnoître l'emphaſe du ſtyle Oriental ; ce ſont
les titres du Roi de Perſe : mais
la qualité de ſecond Alexandre
annonce la prétention particulie-
re de Nadir ; c'eſt celle qui rele-
ve à ſes yeux les précédentes. En
effet , malgré l'intervalle de tant
de ſiécles, malgré l'ignorance profonde où le Mahométiſme entre-
tient la plûpart de ſes ſectateurs,
& les révolutions qui tant de fois
ont changé la face de l'Orient ,
depuis Alexandre ; la réputation
de ce

de ce Conquérant s'y conferve avec éclat. Les Orientaux qui le connoiffent fous le nom d'Iskander, en font un des héros de leurs hiftoires romanefques, où l'on retrouve quelques vérités confondues dans une foule d'anachronifmes & de fictions bizarres.

C'eft une fuite naturelle de la prodigieufe impreffion que firent fur fes contemporains les exploits de cet homme extraordinaire ; & par une autre conféquence, cette impreffion, en fe perpétuant, a dû lui produire des rivaux, parce que les hommes font nés imitateurs, & que la fauffe grandeur eft plus féduifante que la véritable. La deftinée d'Alexandre & celle de fes pareils eft d'influer fur le fort

F

du genre humain, non-feule-
ment par eux-mêmes, mais par
les émules que leur fufcite la renommée. C'eft jouer dans l'univers un rôle important ; mais que
ce rôle eft odieux & criminel,
puifqu'il le rend comptable en-
vers l'humanité du mal qu'il n'a
pas fait lui-même, de tout le fang
que verferont à jamais tous les
Conquérans que le défir de l'é-
galer armera contre les hommes !
On fe rappelle avec horreur les
larmes qu'arracha des yeux de Ju-
les Céfar, la vûe d'une ftatue d'A-
lexandre, maître de l'Orient, dans
un âge où Céfar n'étoit encore
que Quefteur en Efpagne. Tout
fe tient dans le monde moral
comme dans le monde phyfique ;

la réaction des êtres n'eſt pas
moins forte dans ce ſens que dans
l'autre; & peut-on ne pas réfléchir
ſur la chaîne inviſible qui lie les
événemens les plus éloignés, lorſ-
qu'on penſe que ſi le fils de Philippe n'avoit point exiſté, ou que
plus réglé dans ſes déſirs , il eût
cherché la gloire dans une ſource
plus pure, le deſtructeur de la Ré-
publique Romaine en feroit peut-
être reſté citoyen ; que ſans cette
ſtatue fatale à la liberté de Rome,
l'ambition qui luttoit dans le
cœur de Céſar contre le goût du
plaiſir , ne l'auroit peut-être pas
emporté ? C'eſt cet objet qui rom-
pant l'équilibre entre deux paſ-
ſions rivales , rendit les talens de
Céſar funeſtes à ſa Patrie. C'eſt

l'exemple d'Alexandre, qui fortifia l'amour des conquêtes dans ce Prince singulier, que l'Europe a vû de nos jours dépeupler son Royaume, pour ravager les Etats voisins, & que ses Panégyristes & ses Censeurs ont également appellé l'Alexandre du Nord. Enfin il a le malheur de compter parmi ses imitateurs le fleau de l'Asie, Nadir qui se regardoit comme l'instrument des vengeances de Dieu. Cet homme qui se vantoit d'être né pour le malheur des hommes, se qualifie de second Alexandre, C'est en partie pour l'égaler qu'il envahit les Indes.

Ce motif connu dans le Conquérant moderne autorise le Paralléle que je fais des deux expéditions ; & c'eſt même ce qui m'en a ſuggeré l'idée. Au premier regard je fus ſurpris des rapports qu'elles ont enſemble : mais ils ne m'ont pas dérobé les différences encore plus réelles qui les diſtinguent l'une de l'autre ; je vais m'attacher à les déveloper.

§. II.

CES DIFFÉRENCES ſe rencontrent en deux points eſſentiels : 1°. Dans les motifs des deux entrepriſes, 2°. Dans les détails principaux & les ſuites de leur exécution.

I°. DANS les motifs. Alexandre n'en avoit d'autres qu'un amour déréglé de la gloire : il aſpiroit à la réputation des anciens

guerriers que leurs conquêtes a-
voient rendu célébres ; guerriers
peut - être imaginaires, ou du
moins dont une tradition vague
avoit groffi les exploits en les al-
térant : mais on parloit d'eux; ils
avoient une forte d'exiftence dans
l'idée populaire ; & c'en étoit affez pour enflammer la jaloufie
d'un Prince, dont l'ambition eût
été d'occuper feul à jamais les
cent bouches de la renommée.
Ce ne fut proprement ni cette
haine inquiete du repos, toujours
fatale aux peuples quand elle
s'empare de l'efprit des Rois ; ni
le défir de fonder une Monarchie
puiffante ; ni la foif du fang humain, qui conduifirent Alexandre aux extrémités de l'Orient.

Ce fut, je le répéte, l'amour de la
gloire ; ce fut l'envie de fixer les
regards de tous les hommes, d'ex-
citer dans les esprits cet étonne-
ment que font naître le singulier
& le merveilleux. Il vouloit
moins être le plus grand Monarque de la terre , que l'homme le
plus connu. L'honneur de passer
pour invincible, de dompter à la
fois & les obstacles de la nature
& ceux de l'art , & l'inconstance
de la fortune , le touchoit plus
que la puissance & les trésors de
Darius. Il attaqua le Monde, comme il avoit attaqué Bucéphale ,
pour le plaisir d'exécuter l'im-
possible. La gloire fut sa divinité:
c'est à cette idole qu'il sacrifia
tant de victimes. Image brillante,

mais fugitive, qui toujours à portée de ſes regards, échapoit ſans
ceſſe à ſes vœux, & dont la pour-
ſuite l'auroit entraîné juſqu'au
bout de l'Univers, s'il eût aſſez
vécu pour le parcourir ! On a dit
de lui qu'il ſe croyoit un Conquérant de profeſſion, chargé par le
deſtin de tout ſoumettre & de
tout ravager : pour moi je penſe
qu'il ne faiſoit pas des conquêtes,
préciſément pour conquérir ; elles ne furent ni l'objet immédiat
ni le but de ſes entrepriſes. Il
prétendoit immortaliſer ſon
nom ; & c'eſt parce que les conquêtes lui parurent le vrai moyen
d'atteindre à cette immortalité,
qu'il ſe fit Conquérant. S'il n'é-
toit pas Alexandre, il auroit vou-

lu, diſoit-il, être Diogenes. *A-*
théniens, s'écria-t-il, en traverſant l'Hydaſpe, au milieu d'un
orage, qui rendoit ce fleuve encore plus dangereux, *Atheniens,*
à quels dangers je m'expoſe pour
mériter votre eſtime ! Combien
n'eût-il pas acheté le plaiſir d'a-
voir pour chantre un Homere !
Il envioit le bonheur d'Achille :
& s'il paya ſi cher un mauvais Poë-
te de ſon tems, ce n'étoit pas dé-
faut de goût; c'eſt ſans doute parce qu'il étoit le Héros du Poëme,
& que les éloges plaiſent toujours.
Il eſt vrai qu'il jetta dans la riviere l'ouvrage d'un Hiſtorien flat-
teur, qui croyoit lui faire ſa cour
en ſemant ſon récit de menſon-
ges, & qu'il menaça même l'E-

crivain de le traiter comme ſes
écrits ; mais j'apperçois dans ce
courroux moins de modeſtie que
de vanité. En aſpirant au merveilleux, Alexandre rejettoit l'abſur-
de ; il ſçavoit diſtinguer les pro-
diges d'avec les monſtres; & comme la poſtérité ne pouvoit admirer ſes exploits ſans les croire , il
s'indignoit avec raiſon d'un allia-
ge capable de faire douter des
faits les plus réels & de ſon exiſ-
tence même. Un tel mélange di-
rectement contraire à ſon but ,
tendoit à rendre tous ſes travaux
inutiles pour ſa gloire.

Je ne lui fais pas un crime d'a-
voir aimé la gloire. Si ce ſentiment eſt un foible , c'eſt celui des
héros ; c'eſt le reſſort des grandes

ames, l'éguillon des talens & du génie, le germe des belles actions. Mais quel malheur pour Alexandre & pour l'humanité, qu'en aimant la gloire avec toute la fougue de son âge & la vivacité de son caractère, il s'en soit fait une idée fausse; qu'il ait pris pour elle un phantôme sanguinaire & destructeur ! C'étoit à combattre le penchant malheureux qu'il avoit pour cette chimère trop séduisante, à rectifier son jugement sur la véritable grandeur, qu'auroient dû s'appliquer les hommes célébres à qui Philippe confia ses premieres années. Voilà quelle Logique Aristote lui devoit enseigner : c'est la Logique des Rois. Et si le cœur d'Alexandre eût été tourné vers un objet digne de lui, s'il eût compris qu'un grand Prince eft le plus grand des hommes ; avec les qualités rares qu'il reçut de la nature, il auroit fait le bonheur de fon peuple , & mérité cette eftime des fages, fi fupérieure à l'admiration du vulgaire. L'erreur fur ce point effentiel rendit ennemi du genre humain un Prince qui pouvoit en être les délices.

L'ENTREPRISE fur les Indes fut une fuite de cette illufion; & c'eft elle furtout qui nous dévoile Alexandre , qui nous met en état de prononcer fur le mobile de fes actions. En effet pour peu qu'on cherche à démêler ce qui l'arma contre les Indiens, on apperçoit évidemment que le defir de la gloire fut le feul motif de cette guerre, & qu'il prétendit moins porter fes loix que fon nom dans cette contrée que l'ignorance faifoit regarder alors comme une des extrémités du monde. Juf-qu'à cette époque on auroit pû penfer que la politique, l'ambi-tion, l'envie de reculer les bornes de fon pouvoir avoient principa-lement influé fur fa conduite ; & que l'idée de l'honneur qui fuit les grands exploits, comme l'om-bre fuit les corps, ne fit que fecon-der les autres principes de fes ac-tions, en l'enflammant d'une ar-deur plus vive.

JE DIS plus, (& qu'on me per-mette cette digreffion fur le ca-

ractère d'un homme auſſi fameux
qu'Alexandre,) ſon expédition
contre les Perſes, tant de fois dé-
criée par les Juvénals anciens &
modernes, ne reſſemble point au
portrait qu'ils en font. Qu'un Poë-
te, qu'un déclamateur ſe plaiſe à
taxer de folie le vainqueur de Darius, à le repréſenter comme un
heureux téméraire, indigne de la
fortune dont il abuſoit ; comme
un frénétique, dont le courage é-
toit une fureur opiniâtre, une y-
vreſſe aveugle & préſomptueuſe :
ce ſont-là des idées qui ſe prêtent
à l'emphaſe de l'éloquence, aux
couleurs de la poëſie ; mais le tableau conſidéré de près n'a pas le
mérite de la vérité. Qu'on ſuive A-
lexandre dans le cours de la guer-

re desPerses,on en verra disparoî-
tre le merveilleux , & le succès
n'en paroîtra plus incroyable ni
même surprenant. On le regarde-
ra comme un effet naturel & prefque nécessaire de la situation où
ce Prince trouva l'ennemi qu'il at-
taquoit. On ne se récriera plus sur
la folie d'un projet conçu par
Philippe. On conviendra que
tant de victoires remportées par
les Grecs sur les Perses répon-
doient de la ruine d'un Empire
languissant , affoibli par sa propre grandeur , précipité vers sa
décadence par une administra-
tion vicieuse ; & qu'Alexandre, à
la tête de sa phalange, de ses Macédoniens aguéris sous son pere, de l'élite des Grecs dont il étoit

le Généraliffime; fecondé de Par-
ménion, devoit renverfer un trône qu'Agéfilas & cinq mille Spar-
tiates avoient ébranlé.

Si l'on cherche un motif à
cette entreprife, on la trouvera
fondée fur quelques raifons, & fur
bien des prétextes qui valent des
raifons dans la morale des politiques, indépendamment de la facilité, difons même de la certitude du fuccès. La chûte de la
Monarchie Perfanne devoit ven-
ger la Grèce de l'invafion de Darius, de celle de Xercès, de toutes les divifions fomentées dans
fon fein par l'or de leurs fuccef-
feurs. Depuis la premiere hoftili-
té commife entre les deux Nations, quelques trèves paffageres
avoient

avoient fufpendu la guerre entre
elles, fans jamais la terminer: haine, aigreur, jaloufie, rivalité de
gloire & d'intérêts, tout les rendoit irréconciliables. C'étoient
deux corps hétérogenes, dont
l'un ne pouvoit fubfifter qu'aux
dépens de l'autre.

VOILA ce qu'auroit fait va-
loir le Manifefte d'Alexandre, fi
ce préliminaire eût été de mode
alors. Son expédition juftifiée par
de pareils motifs, fut conduite à
fon terme par des mefures fi juf-
tes, qu'elles découvrent un excel-
lent politique, un grand capitai-
ne dans le plus brave des guerriers.
Il eft vrai que la rapidité de ces
mefures en dérobe la jufteffe & la
fuite; mais leur fuccès la fuppofe.

G

La marche des héros, comme celle des génies paroît irréguliere ;
mais elle eſt ſûre. Que de talens,
de vûes, de combinaiſons ! quel
courage d'eſprit & de cœur n'annonce pas dans un Prince ſi jeune encore cette longue chaîne
de proſpérités qu'il acheta, quoi
qu'on en diſe ! Il paroiſſoit , je
l'avoue, les regarder comme un
tribut de la fortune ; mais il dût à
cette confiance une partie de ſes
victoires. Elle ſe répandoit par
une heureuſe contagion dans le
cœur des Macédoniens; ils furent
invincibles, en partie, parce qu'ils
croyoient l'être ; & rien ne réſiſ-
toit à des hommes capables de
tout attaquer.

Pour inſpirer à des ſoldats ce

fanatifme qui foutint ceux d'A-
lexandre contre les fatigues &
les dangers de tant de guerres ;
pour fe concilier l'affection des
Perfes mêmes & de tous les peuples qu'il foumettoit ; pour remplacer Darius dans le cœur de
Syfigambis ; pour contenir dans
les bornes toujours étroites du
devoir des gouverneurs éloignés,
trop puiffans pour être fidéles s'ils
avoient moins connu leur maître ;
enfin, pour borner au feul defir de
lui plaire l'ambition de fes courtifans, à qui fa faveur tenoit lieu
des couronnes qu'ils ufurperent
après fa mort, il falloit joindre au
bras d'un héros , à la tête d'un
Roi l'afcendant de l'homme fupérieur & les qualités de l'homme

fociable. On admire les grandes
actions ; le spectacle qu'elles of-
frent imprime une forte de respect
qui rejaillit fur leur auteur: mais ce
respect n'eft point un hommage
du cœur. Le cœur ne fe donne qu'à
la bienfaifance : nous n'aimons
dans les autres , fur-tout dans les
Rois , que les vertus dont nous
jouiffons. Alexandre n'étoit pas
feulement admiré , respecté des
fiens comme un Roi puiffant ,
comme un Prince extraordinaire;
ils chériffoient fa perfonne plus
encore que fa fortune : Alexandre étoit donc aimable & bien-
faifant. On détefte un brigand;
on méprife un fou : fi l'on s'affli-
ge de leurs actions les plus con-
damnables , c'eft fans aucun re-

tour fur eux-mêmes, mais à caufe du trouble qu'elles portent dans la fociété. Loin de détefter, de méprifer Alexandre, fes foldats, fes courtifans, les peuples foumis par fes armes l'aimoient avec une tendreffe qui lui donnoit fur eux une autorité fans bornes. Toujours prêts à l'excufer, ils gémiffoient de fes fautes & de fes excès, comme d'autant de taches capables de ternir le tableau de fa vie. Malgré quelques actions folles ou violentes, Alexandre n'étoit donc ni fou ni brigand. C'étoit un caractère élevé, fenfible, dont les charmes faifoient chérir l'homme dans le monarque & le conquérant. Un mélange heureux de fineffe, de douceur & de

G iij

majefté répandoit fur fon vifage
des graces fieres, mais touchantes.
Ses manières refpiroient la grandeur ; fon efprit étoit cultivé par
l'éducation , orné des plus belles
connoiffances , avide de fçavoir.
Protecteur des lettres & des arts,
il fentoit le prix du talent. Son
cœur tendre & généreux aimoit la
vertu. Peut-on fe rappeller fa conduite à l'égard de la Reine époufe
de Darius, fans admirer la fageffe
d'un Prince , à qui l'âge devoit
infpirer du fentiment, & la victoire fembloit donner des droits?

La suite démentit cet heureux début : il fe laiffa vaincre
par fes paffions & fubjuguer par
la volupté : des crimes odieux ou
méprifables fouillerent l'éclat de

ſes exploits. Mais doit-on en ac-
cuſer ſon caractere plutôt que ſa
fortune ? S'il traita les habitans
de Tyr avec une rigueur barbare,
c'eſt qu'il étoit conquérant. Les
conquérans ne pardonnent jamais à ceux qui les arrêtent. Le
moindre échec eût entamé la réputation d'Alexandre ; & cette
réputation faiſoit ſa principa-
le force. S'il tua Clytus dans un
feſtin , Clytus l'avoit irrité par
ſon imprudence & ſes bravades.
Plein d'un zéle indiſcret pour la
gloire de Philippe , en préférant
les exploits du pere à ceux du fils ,
il avoit bleſſé dans le point le plus
ſenſible un Prince abſolu , qui
n'étoit pas fait à la contradiction.
Un tranſport de colere le rendit

homicide ; mais fi ce tranfport annonce en même tems une ame foible & fougueufe, les pleurs dont il arrofa le corps de fon ami prouvent du moins la bonté de fon cœur.

JE NE prétends pas faire l'apologie, moins encore le panégyrique d'Alexandre : il a trop fait de mal aux hommes pour n'être pas jugé fans ménagement. Mais rendons-lui juftice ; il étoit homme, jeune, heureux, maître de l'Afie ; il avoit des défauts naturels & des flateurs : comment n'auroit-il pas fini par avoir des vices ? comment auroit il pû conferver ce parfait équilibre, qui rend l'ame fouveraine d'elle-même & de tous fes mouvemens ?

Une profpérité conftante eft la plus dangereufe épreuve de la vertu. Caton, l'inflexible Caton, que n'auroit pas abbattu la chûte du monde, eût peut-être fuccombé fous le poids de la fortune & du pouvoir d'Alexandre.

ON LUI fait un crime d'avoir quitté l'habit de fa Nation pour celui des Orientaux, & fubftitué dans fa cour le fafte Afiatique à la fimplicité Macédonienne. Mais ce reproche eft ridicule. Plutarque plus judicieux à cet égard que les autres Ecrivains, a mieux connu le véritable motif d'un changement, qui fans deshonorer les mœurs d'Alexandre, fait honneur à fes vûes. Pour contenir les Perfes, pour leur faire chérir une do-

mination étrangere & nouvelle,
il falloit leur plaire, en paroiſſant
ne les pas mépriſer. Alexandre
adopta leur habillement & leurs
manieres, par les mêmes raiſons
qui lui faiſoient protéger la religion des Chaldéens à Babylone &
celle des Mages à Perſepolis. Auſſi
depuis Cyrus aucun Souverain
n'avoit-il poſſédé, comme lui, le
cœur des Perſes. Ils le regarderent
moins comme le deſtructeur de
leur Monarchie, que comme un
ſecond fondateur qui devoit en
augmenter la puiſſance & l'éclat.
Ce renouvellement devint dans
leurs Annales une époque brillante & l'occaſion d'une nouvelle Ere: enfin ils répandirent plus
de larmes ſur le tombeau du con-

quérant, que fes premiers fujets.

AU CHARME employé par Alexandre pour fe les attacher, il joi-
gnit tous les moyens que la pré-
voyance pouvoit oppofer à leur
révolte, tous ceux qui devoient
affurer le repos de fon Empire ,
ou le rendre plus floriffant. Par
fes ordres on vit de toutes parts
s'élever des villes ou des forteref-
fes , toutes placées dans des fi-
tuations avantageufes, & defti-
nées à défendre des paffages im-
portans , à tenir les provinces
en refpect , à fervir de barrieres,
de places d'armes , d'entrepôts
pour le commerce. Ses vûes s'é-
tendoient à tout. Dans le cours
de fes victoires , au milieu de ces
marches étonnantes dans lef-

quelles il franchiſſoit les déſerts ;
les montagnes , les fleuves, avec
la rapidité d'un aigle qui traver-
ſe les champs libres de l'air , il
s'occupoit de mille objets différens; il gouvernoit ſes Etats ſans
miniſtre ; il formoit des établiſſemens ; il régloit tout par lui-
même.

En un mot, ſans vouloir éclair-
cir davantage un point ſur lequel
l'excellente Diſſertation de M.
Secouſſe , imprimée dans le cin-
quiéme volume des Mémoires de
l'Académie des Belles-Lettres , a
jetté le plus grand jour, je crois
pouvoir avancer que toute la ſuite de l'expédition contre les Perſes offre un plan hardi, mais ſa-
ge, formé par la prudence , exé-

cuté par la valeur. Si , tranquille au centre de fes nouveaux Etats , Alexandre fe fût contenté de jouir de fa renommée ; fi la pof-feffion d'une grande partie de l'Orient & l'hommage du refte de l'Univers eût rempli fes vœux; fi , las de combattre , il eût enfin voulu régner , il auroit été le plus fenfé des conquérans , comme il fut le plus heureux : il auroit mê-me pû tenir à certains égards un rang diftingué parmi les rois.

Mais fon entreprife contre les Indes , en dévoilant le motif fe-cret de fes actions couvert juf-qu'alors par l'importance, la faci-lité , les avantages, je dirois pref-que la juftice de l'expédition pré-cédente, nuit à fa gloire & le ra-

baisse aux yeux des politiques.
De ce moment il commence à
mériter une partie des reproches
dont l'accablent ses censeurs. En
effet, cette seconde expédition
n'étoit pas fondée, comme la premiere, sur des raisons même plau-
sibles : elle n'étoit justifiée ni par
la certitude, ni par l'utilité du
succès. Injuste à la fois & téméraire, elle lui faisoit abandonner
les rênes de son nouvel Empire,
élevé sur les débris d'un trône,
dont les cendres encore fuman-
tes pouvoient, en son absen-
ce, rallumer un feu dangereux.
Elle l'armoit contre des peuples
qui n'avoient offensé ni les
Grecs, ni lui, ni ses ancêtres; qui
n'étoient point alliés de la Per-

fe ; qui renfermés dans leurs vaf-
tes régions , comme dans un autre univers , ignoroient peut-être
qu'il y eût fur la terre un Darius
attaqué par un Alexandre, ou du
moins ne foupçonnoient pas que
l'ébranlement du refte de l'Afie
pût jamais troubler leur repos.
Elle le conduifoit dans des païs
inconnus, éloignés, immenfes ,
hériffés de montagnes , remplis
de défilés , coupés par des fleuves auffi profonds que rapides ,
dont les habitans courageux, féroces , innombrables , fçavoient
combattre & combattoient d'u-
ne façon différente de la fienne ,
avec d'autres armes , avec des
éléphans , avec une méthode
qu'il n'avoit pas encore acquis le

droit de méprifer. Malgré toute apparence, l'entreprife réuffit ; mais elle pouvoit & devoit ne pas réuffir. Le fuccès en fut inutile, puifqu'Alexandre abandonna volontairement fes conquêtes. C'étoit donc compromettre fans néceffité, fans fruit, cette réputation achetée par tant de travaux & de combats ; c'étoit hafarder avec une folle préfomption le titre fingulier d'invincible, qui faifoit en même tems fa gloire & fa sûreté.

L'INVASION des Indes par Chah Nadir eft bien différente à cet égard. Si de légers prétextes, fi des raifons de convenances, fi la certitude & la facilité du fuccès, fi de nombreux avantages

avantages font des motifs légiti-
mes ; jamais expédition ne fut
mieux fondée. La couronne de
Perfe avoit d'anciens démêlés
avec le Souverain des Indes. Malgré la foi des Traités, l'Empereur
Mogol venoit de fecourir les ré-
belles du Kandehar. Prince foible & fans talens, gouverné par
fes favoris, & déja vaincu par fa
molleffe, il régnoit fur des peuples énervés par le luxe, accou-
tumés aux délices d'une paix vo-
luptueufe, & tremblans au feul
nom de guerre. La difcorde feu-
le entretenoit quelque activité
dans cette cour languiffante, où
deux rivaux fe difputoient la confiance du Monarque & les rènes
de l'Empire. Le plus habile des

H

deux, outré du pouvoir de l'autre, appelloit Nadir, & s'engageoit à lui frayer le chemin de Dilli. Avec de telles intelligences, avec une armée victorieuse, il alloit attaquer des troupes innombrables, mais plus propres à briller dans une fête, qu'à fervir dans une bataille ; des troupes, où dans une foule d'hommes, on comptoit à peine quelques foldats : & cette guerre fi facile livroit à fon avidité les tréfors de l'Indoftan.

Voila fes motifs par rapport à l'Inde : il n'en avoit pas de moindres par rapport à la Perfe. Ce Royaume ruiné par les guerres civiles, ne pouvoit ni fe rétablir qu'aux dépens de fes voifins, ni

fournir aux rapines de l'infatia-
ble Nadir, dont l'avarice égaloit
au moins l'ambition. Usurpa-
teur de sa couronne , il sçavoit
qu'un pouvoir illégitime acquis
par les armes , ne se soutient que
par elles : il avoit besoin de guerres pour entretenir les troupes
nombreuses qui le rendoient ab-
solu ; pour occuper hors de la Perse
la plûpart des grands du Royaume , jaloux de sa puissance ; pour
achever d'éblouir un peuple lé-
ger , que l'éclat de ses exploits
avoit séduit. Aussi quoique l'a-
mour de la gloire , & le desir d'é-
galer Alexandre influassent sur
le projet que Nadir forma contre les Indes , ce ne furent que
des motifs accessoires : les véri-

tables, les principaux étoient l'espérance de grossir ses tréfors, & de s'étendre jufqu'au Sinde, en réunissant à la couronne de Perfe les cinq provinces situées endeçà de ce fleuve & dépendantes du Mogol. Par cette réunion il rendoit avec ufure à la Perfe ce que les Turcs & les Moscovites en avoient démembré ; il l'enrichissoit ; il en reculoit les bornes ; il en rétablissoit la réputation ; & ce Royaume fortifié déformais par les barrieres même qui borneroient fon étendue , devoit former une des belles Monarchies de l'Orient.

TELLES furent les vûes de Nadir, bien différentes de l'objet d'Alexandre. Une telle contra-

riété dans les motifs a dû produire une grande opposition dans
les effets : aussi malgré les rapports ci-dessus remarqués entre
les deux entreprises, rien ne se
ressemble-t-il moins de part &
d'autre, que les détails principaux de la conduite & les suites
de l'exécution ; seconde différence essentielle qui les distingue.

2°. EN EFFET Alexandre eut
à renverser autant d'obstacles,
que Nadir rencontra de facilités.
Siéges, combats, marches pé-
nibles & dangereuses, tout ce
qui peut augmenter le prix d'une
conquête, releva le triomphe de
l'ancien Conquérant; au lieu que
le moderne, ayant vaincu sans
péril, a triomphé sans gloire. Le

projet de l'expédition fait peu d'honneur au jugement d'Alexandre; c'étoit une folie : mais ses talens & son courage brillerent à l'envi dans l'exécution. On peut y blâmer le Politique , y condamner l'aggresseur injuste ; mais on y doit reconnoître le Général habile , le génie fécond en ressources , le guerrier intrépide, le Prince généreux. Combien de villes, de forteresses , d'armées , les Indiens n'opposerent-ils pas à ses progrès ? Il lui fallut combattre presque partout ; & si la lâcheté de Taxile , en lui soumettant une portion du Pengab , ouvroit le reste à ses troupes ; l'exemple de ce Prince eut peu d'imitateurs. Presque

tous les Souverains & les peuples de l'Inde le regarderent comme un déferteur, dont la foibleffe étoit une trahifon. Ce fut pour
eux un nouveau motif de fe défendre avec plus de vigueur. Porus ofa lutter contre Alexandre,
& fe montra digne de lui réfifter ;
il avoit de la valeur, du fang
froid, de la force d'efprit ; inca-
pable de cette terreur qui faifit
les ames foibles à l'approche
d'un grand péril, il eftimoit fon
ennemi fans le craindre ; il étoit
flatté de combattre un Roi fameux, il efpéroit de le vaincre ;
il envifageoit fans frémir une
chûte glorieufe au cas que le fuccès ne répondît pas à fes defirs.

L*A* R*ÉSISTANCE* des Oxydra-

ques & des Malliens fuivit celle
de Porus , & fut pour Alexandre
une fource de nouveaux périls.
Un courroux mélé de mépris fou-
levoit contre le joug d'un étran-
ger , ces peuples belliqueux ,
féroces , indépendans , jaloux
d'une liberté qu'ils avoient dé-
fendue jufqu'alors contre les Rois
leurs voifins. Alexandre les fou-
mit : mais il étoit Alexandre ; &
c'eft dans cette guerre qu'il eut
peut-être le plus befoin, que la
fortune fecondât fes talens &
fon courage, puifqu'il y combattit en même tems l'opiniâtreté de
fes ennemis & le découragement
de fes foldats , qui raffafiés de
gloire, avides de repos, ne fe
prêtoient qu'avec peine à cette

expédition. Il y rifqua plus d'u-
ne fois fa vie, fur-tout dans l'affaut que fes troupes donnerent
à la capitale. Elles le virent monter le premier fur les remparts,
& des remparts fe précipiter prefque feul dans le cœur de la Place.
Ce trait eft taxé de témérité ,
peut-être avec raifon ; mais peut-
être auffi cette témérité feroit-
elle moins grande qu'on ne pen-
fe. La longueur du fiége rebutoit
les Macédoniens ; le péril com-
mençoit à faire impreffion fur
leurs cœurs ouverts à la crainte
par le dégoût. Si la laffitude & le
murmure de fes troupes l'euffent
contraint à lever le fiége, c'étoit
fait de fa réputation ; il n'étoit
plus armé du redoutable nom

d'invincible, de ce titre impo-
fant, l'efpoir de fes foldats, le
frein de fes fujets, la terreur de fes
ennemis. Après cet échec, moins
obéi, moins refpecté, remis dans
la claffe des Conquérans vulgai-
res, il auroit vû les difficultés renaître, les obftacles fe multi-
plier, les ligues fe former de
toutes parts. La prife de la ville
étoit donc effentielle à l'honneur, & dèflors aux intérêts d'A-
lexandre, & ce n'étoit que par
un coup d'éclat qu'il pouvoit y
parvenir. Il étoit dans un de ces
momens critiques & décififs où
le Général doit être foldat, pour
faire de fes foldats des héros.
Et nous voyons que l'action d'A-
lexandre produifit cet effet fur

les Macédoniens. Le remord
les remplit d'un nouveau courage ; le danger de leur Prince
ranima leur tendreſſe , ils ſe re-
procherent de l'abandonner ,
& la ville fut emportée ſur le
champ. La honte, le repentir, la
valeur qu'ils témoignerent, prouvent aſſez qu'ils avoient mis Alexandre dans la néceſſité de tout
haſarder en cette occaſion.

J'ENTREVOIS encore dans ce
trait de bravoure une nouvelle
preuve de ce que j'ai ſoutenu pré-
cédemment ſur le véritable prin-
cipe de ſes actions. Alexandre qui
faiſoit tout pour la gloire, ne vit
que ce moyen de la conſerver
ſans atteinte, quel que fût le ſuccès de ſa hardieſſe ; puiſqu'enfin

s'il périssoit, c'étoit en vainqueur, les armes à la main, au milieu de sa conquête.

Mais quelque jugement que l'on porte de cette action, du moins on doit en inférer, que des peuples qui le réduisirent à cette extrémité furent vraiment redoutables, & que par conséquent s'il étoit dangereux & téméraire de les attaquer, il fut glorieux de les soumettre.

Chah Nadir au contraire n'a pas rencontré dans le cours de son entreprise des difficultés capables de satisfaire un amour-propre délicat, qui péfe les succès au lieu de les compter. Ses troupes agguéries, victorieufes, comme celles d'Alexandre, conferverent

jufqu'au bout cette ardeur dont
leurs premiers pas furent animés,
parce que leur expédition devoit
les enrichir; qu'elle avoit un but,
& qu'ils en connoiſſoient le terme. Les ennemis qu'il eut à combattre, timides, mal diſciplinés,
déſunis, le craignoient autant
qu'il les mépriſoit. La trahiſon de
Nizam-ul-Mulk contribua plus à
ſes progrès, que la lâcheté de
Taxile à ceux d'Alexandre. Les
intelligences des factieux livre-
rent l'Inde à Nadir. Il ſçut profiter habilement des circonſtan-
ces pour conquérir un païs ouvert
de toutes parts, mal défendu,
plus mal gouverné. Ce fut moins
une guerre qu'une courſe, qu'u-
ne invaſion de brigands. Nadir

eut à peine trois siéges à faire :
le premier fut court , & les deux
autres n'étoient pas sérieux. Je ne
crois pas que ses flatteurs mêmes,
s'ils avoient sçu l'histoire, eussent
osé comparer la défaite de Muhammed à celle de Porus. La prise du camp des Indiens, de l'Empereur, de Dilli, je dirois presque de l'Indostan, a couté moins
à Nadir, qu'Alexandre n'acheta
celle du Roc Aorne, ou la soumission des Malliens.

LE HÉROS Grec entreprit suc-
cessivement plusieurs guerres :
l'une naissoit de l'autre ; il avoit
l'Hydre à dompter. Le Roi de
Perse n'a fait qu'une seule guerre
terminée par une seule victoire.
Et si par cet exploit, il s'est crû

l'égal d'Alexandre , c'eft que les
Rois & les Conquérans ne font
pas difficiles fur ce qui flatte leur
vanité.

Jusqu'au bord de l'Hyphafe ,
les deux Princes ont fuivi la même route : ils fe quittent alors; &
Nadir pénetre de plus en plus
vers l'Orient jufqu'à Dilli , au
lieu que les murmures des Macédoniens contraignirent Alexandre à retourner fur fes pas. Ainfi Nadir paroît d'abord avoir été
plus loin que lui. Mais Alexandre , pour fe confoler en quelque
forte de ne pouvoir étendre fes
conquêtes jufqu'au Gange , fe
rejetta vers le midi ; & fous prétexte de retourner en Perfe par
un chemin différent de celui qui

l'avoit conduit aux Indes, il def-
cendit les grands fleuves qu'il n'a-
voit fait que traverfer d'abord, &
fubjugua tous les païs qu'ils arro-
foient jufqu'à leur embouchure.
Les combats qu'il livra dans ces
expéditions , entées fur la pré-
cédente , font d'un genre bien
différent de ceux que Nadir foutint , en reprenant la route de
Perfe. Alexandre marchoit précédé de la victoire , trouvant les
paffages ouverts à fon armée par
la terreur , ou fe les ouvrant par
la force, attaquant & foumettant
tout : Nadir toujours fur la dé-
fenfive , les yeux toujours fixés
fur fes immenfes tréfors, harcelé
fur fa route par des ennemis de
toute efpéce , qui cherchoient à
partager

partager la dépouille des Indes,
marchoit avec lenteur, avec les
précautions d'un chef de cara-
vane, & l'inquiétude jalouse d'un
Kiflar-Agafi, qui mène du fond
de la Circaffie, une troupe de jeu-
nes Odalifques au ferrail du Sul-
tan. Il achetoit des paffages; il né-
gocioit avec les obftacles, au lieu
de les forcer ; à quelques traits
de vigueur, il joignoit la foupleff-
fe & le manége ; il ne livroit de
combat, que lorfqu'il ne pouvoit l'éviter fans rifquer de
perdre davantage : & c'eft pour
remplacer en un inftant toutes
les fommes qu'il avoit facrifiées
en différentes occafions , qu'il
s'appropria le butin de fes foldats.
C'étoit violer à leur égard une

I

promeſſe ſolemnelle , & pouſſer le brigandage au-delà de ſes bornes , puiſque les brigands ordinaires ſuivent entre eux les loix de la bonne-foi. Nadir étoit capable de concevoir un tel projet ; mais on auroit peine à croire qu'il eût oſé l'exécuter , & moins encore que ſes troupes ayent obéi , ſi des témoins oculaires, & peut-être intéreſſés à ce fait étrange , ne l'euſſent atteſté comme notoire & certain. Des Tartares, des Kiurds , des Arabes ſe virent dépouiller par leur chef ſans le maſſacrer , ou du moins ſans diſputer leur proie. Ce Chef étoit abſolu; mais l'autorité ne ſuffiſoit pas : Nadir réuſſit à force d'intrigues , en les trompant, en ſemant avec

art dans les différens corps de fon
armée, une défiance mutuelle,
qui leur faifoit craindre de n'être
pas fecourus les uns par les autres,
en cas de révolte. Alexandre
n'auroit pas abufé pour un pareil
objet de la foumiffion des fiens :
il prodiguoit les Couronnes ;
quel cas eût-il fait de l'or ? Jamais
Prince ne fut moins foupçon-
né d'avarice; lui, qui prêt à s'em-
barquer pour l'Afie, diftribua
tous fes domaines, en fe réfer-
vant pour feul bien l'efpérance.
Mais à quelque épreuve qu'il eût
voulu mettre l'obéiffance de fes
foldats, il eût rougi de s'abaiffer
jufqu'à la rufe. Digne de l'autorité qu'il exerçoit, il l'exerçoit
avec empire, avec la grandeur

d'un Roi qui fe fent né pour avoir
des fujets, qui reçoit leur hommage comme un tribut, & croit les
récompenfer en l'agréant. Avec
quelle hauteur appaife-t-il une
fédition prefque générale, en caf-
fant tous fes foldats, en leur or-
donnant de retourner en Macédoine, & de le laiffer feul régner
fur les Perfes plus fidéles qu'eux ?
Quel contrafte entre les deux
Souverains ? C'eft qu'Alexandre
étoit un Roi, Nadir un Ufurpateur.

NOUVELLE différence dans
l'exécution. Alexandre, auffi généreux que Nadir fut barbare,
ne verfa guéres le fang des Indiens, que dans les combats ; il
ne détruifit que ceux dont l'opi-

niâtreté bravoit fa clémence ; & s'il punit la trahifon d'un Prince rébelle, ce fut fans étendre fa vengeance fur les fujets du coupable. La foumiffion le défarmoit : il laiffoit aux peuples leurs richeffes, & fe contentoit d'ôtages, de vivres, de contributions pour la fubfiftance de fes troupes. Nadir au contraire porta le fer & le feu partout : il a ravagé les Indes, plutôt qu'il ne les a foumifes. Le maffacre de Dilli fuffiroit pour le rendre l'objet de l'horreur du genre humain. Je me refufe à toutes les réflexions que préfente à l'efprit la barbare indifférence d'un tyran, qui mêle les plaifirs à cette affreufe fcène ; qui commande à la fois & du même ton, l'embrafement d'un quartier de la ville & les apprêts d'un feftin.

Les tréfors de l'Indoftan fuffirent à peine à l'avarice de Nadir; Alexandre y fema les fiens : les récompenfes qu'il prodiguoit à fes troupes les enrichirent, au lieu que fon prétendu rival a pillé jufqu'à fes foldats.

Les meurtres, les incendies, les ravages, fruits terribles de l'invafion que Nadir fit des Indes, en font les feuls monumens : elles ont payé cher le malheur d'être riches & voifines d'un conquérant auffi fanguinaire qu'avare. Alexandre a laiffé pour monument de fes conquêtes deux villes, qui devinrent confidérables. Je ne parle pas de ce camp bifar-

re , où ce Prince ne laiſſa rien
qui ne fût d'une grandeur déme-
ſurée , afin que la poſtérité lui
crût la taille d'Hercule , & regar-
dât les Macédoniens comme des
Géans. Cette idée puérile, dont ſe
repaiſſoit le Vainqueur des Indes,
peut en même-tems prouver que
la gloire fut ſon unique objet; &
que non - ſeulement il s'abuſoit
ſur la véritable , puiſqu'il préfé-
ra celle des Conquérans à celle
des Rois ; mais qu'il ne ſe con-
noiſſoit pas même en fauſſe gloire : en effet par la force prodigieu-
ſe qu'il s'attribuoit, par celle qu'il
donnoit aux ſiens , il diminuoit
le prix de ſes exploits. Pouvoit-il
ne pas ſe rappeller que des Géans
devoient naturellement vaincre

des hommes, & que les victoires perdent de leur mérite à proportion de leur facilité ? Mais telle eſt la nature de l'erreur : des yeux une fois ébloüis, dans le faux mê-me, faiſiſſent une fauſſe nuance.

EN QUITTANT les Indes, Alexandre augmenta conſidérablement les Etats de Porus: Nadir reſſerra les bornes de ceux de Muhammed. Le premier rétablit ſon priſonnier par un ſentiment d'eſtime; le ſecond rendit la couronne au ſien par mépris & par des vûes de politique. Pour n'être pas troublé dans la poſſeſſion des Provinces qu'il venoit de réünir à la Perſe, il ſemoit à deſſein dans l'Empire Mogol des germes de diſcorde, en y laiſſant pour Em-

pereur le foible Muhammed , &
pour Miniftre , le traître Nizam-
ul-Mulk, haï de fon Maître qu'il
méprifoit.

L'EXPÉDITION d'Alexandre
n'eut point de fuites avantageufes
à fon Empire, puifqu'il ne garda
point fes conquêtes : celle de Nadir réunit à la Perfe le Kiabuliftan, & les autres Provinces fituées
en deçà du Sinde. Au dehors ce
démembrement affoibliffoit le
Mogol , & les fommes immen-
fes qu'il en a tirées ont fait à l'Indoftan une plaie confidérable ,
mais paffagere, & que fon commerce a peut-être aujourd'hui ré-
parée : à l'égard de l'adminiftra-
tion intérieure , de la forme du
gouvernement,de l'état des peu-

ples, il n'eft point changé. L'entreprife d'Alexandre fans toucher
aux bornes des Indes, fans les dépouiller comme celle de Nadir,
y produifit une révolution plus
durable & plus réelle : en affujet-
tiffant à Porus plufieurs Nations,
jufqu'alors indépendantes, il a
diminué dans l'Inde le nombre
des Etats libres, & fait au fyftême
politique de cette vafte région,
un changement dont les fuites
influent peut-être fur fon état
actuel.

ENFIN l'entreprife d'Alexandre
dans les Indes, fans enrichir fes
fujets aux dépens des Indiens, augmenta leurs connoiffances fur
l'Hiftoire naturelle & la Géogra-
phie : les païs découverts par

ce conquérant, & ceux dont il
frayoit la route, parurent un nouveau monde ; la fcience du globe
terreftre doit beaucoup à fes exploits. L'invafion de Nadir n'a
pas étendu nos connoiffances ; il
marchoit dans des païs aujour-
d'hui plus fréquentés par les Eu-
ropéens, que les bords du Pont-
Euxin ne l'étoient jadis par les
Grecs : mais elle a fait refluer dans
l'Afie, & de-là par une fuite de la
circulation générale, dans l'Europe & le refte de l'univers, tout
l'or qu'il a puifé dans l'Indoftan.

TERMINONS ce parallele de
leurs différences par un précis, qui
remettant fous les yeux les traits
effentiels de part & d'autre, au-
torife le jugement que nous

croyons devoir porter des deux entreprifes.

ALEXANDRE & Nadir Chah ont envahi les mêmes contrées avec des troupes également nombreufes : mais Alexandre n'avoit aucun motif raifonnable ; Nadir en pouvoit alléguer plufieurs. Alexandre effuya de grandes dif-ficultés ; Nadir en a peu rencon-trées. Le premier doit rougir de l'entreprife, & peut fe faire hon-neur du fuccès ; le fecond peut juftifier le projet, & ne doit pas tirer vanité de l'exécution. L'un attaque les Indes en aventurier, & les fubjugue en Général, en Roi, en fils de Jupiter qui ne veut que des hommages, qui d'u-ne main lance la foudre, & de

l'autre prodigue les bienfaits :
l'entrée de l'autre eft celle d'un
politique ; fa conduite eft celle
d'un brigand , d'un meurtrier,
d'un incendiaire , d'un fléau du
genre humain. L'un cherche dans
une contrée lointaine des admi-
rateurs; l'autre veut de l'or & des
fujets. En un mot concluons que
les différences des deux expéditions étant plus importantes ,
plus effentielles , plus nombreufes, que les rapports qu'on découvre entre elles, on doit les comparer, mais non les mettre fur la même ligne ; & que Nadir a, comme
Alexandre, envahi les Indes, mais
qu'il ne mérite pas le titre qu'il
prend de fecond Alexandre.

FIN.

www.ingramcontent.com/pod-product-compliance
Lightning Source LLC
Chambersburg PA
CBHW071806090426
42737CB00012B/1973

9 7 8 2 0 1 4 5 0 1 4 8 3